LA BATAILLE DE KOURSK

Hitler face à l'Armée rouge,
un charnier de sang et de tanks

Par Jonathan Duhoux
Sous la direction de Thomas Jacquemin

50MINUTES.fr

DEVENEZ INCOLLABLE
EN HISTOIRE !

50MINUTES.fr

Neil **Armstrong**

Le Titanic

George **Washington**

Christophe **Colomb**

Jacques **Cartier**

LA BATAILLE DE KOURSK

INTRODUCTION

Bien moins célèbre que la bataille de Stalingrad (septembre 1942-février 1943), Koursk n'en reste pas moins l'un des affrontements majeurs entre Allemands et Russes durant la Seconde Guerre mondiale et l'une des plus importantes batailles de tanks de l'histoire.

L'offensive est lancée par l'Allemagne en juillet 1943 sous le nom d'opération « Citadelle ». L'objectif est de reprendre l'avantage sur le front de l'Est après la cuisante défaite subie à Stalingrad. Adolf Hitler (1889-1945) espère ainsi récupérer les territoires perdus en hiver, profitant du fait que la Wehrmacht (l'armée allemande) a toujours su montrer sa supériorité quand les conditions climatiques étaient favorables.

Pour remporter une victoire qui frapperait les esprits, l'Allemagne aligne une force de frappe impressionnante sur le saillant de Koursk (étendue de 23 000 km², situé entre Orel au nord et

Belgorod au sud, qui fait saillie dans le front allemand) : on compte près d'un million de soldats, plus de 2 500 tanks et 2 000 avions sur le front. Mais l'opération prend du retard et l'Armée rouge, qui a pris connaissance de l'opération, a le temps de se préparer. Par conséquent, lorsque la bataille éclate, les Soviétiques s'appuient sur une armée numériquement supérieure comptant 1,3 million d'hommes, 3 600 tanks et 2 000 avions. Après plus d'un mois d'affrontements, les forces allemandes sont repoussées, au prix de lourdes pertes dans les deux camps. Cette défaite enterre la dernière chance pour le Führer de vaincre l'Union soviétique.

DONNÉES-CLÉS

- **Quand ?** Du 5 juillet au 23 août 1943
- **Où ?** Dans les environs de Koursk (Russie)
- **Contexte ?** La Seconde Guerre mondiale (1939-1945)
- **Belligérants ?** Le IIIe Reich contre l'Union des républiques socialistes soviétiques (URSS)
- **Acteurs principaux ?**
  - Erich von Manstein, général allemand (1887-1973)
  - Walter Model, général allemand (1891-1945)
  - Nikolaï Fedorovitch Vatoutine, général russe (1901-1944)
  - Gueorgui Konstantinovitch Joukov, général russe (1896-1974)
- **Issue ?** Victoire russe
- **Victimes ?**
  - Camp russe : environ 200 000 morts, 660 000 blessés et disparus
  - Camp allemand : environ 90 000 morts, 400 000 blessés et disparus

CONTEXTE POLITIQUE ET SOCIAL

La bataille de Koursk s'inscrit dans le contexte de la Seconde Guerre mondiale qui oppose militairement :

- l'Axe, composé de l'Allemagne, de l'Italie et du Japon ;
- aux Alliés, comprenant notamment les États-Unis, le Royaume-Uni et l'Union soviétique.

LES ORIGINES DE LA SECONDE GUERRE MONDIALE

Bien que découlant de la Grande Guerre (1914-1918), la Seconde Guerre mondiale en est très différente. Les motivations, les belligérants et le contexte de l'époque ont en effet profondément évolué au cours des deux décennies qui séparent les deux conflits.

De nombreux facteurs contribuent à créer une situation explosive en 1939. Il s'agit notamment de :

- l'héritage du traité de Versailles, qui vise à rétablir la paix et à définir les sanctions prises à l'encontre de l'Allemagne jugée responsable du premier conflit mondial. Alors que les pays vainqueurs veulent une application stricte du traité signé à la fin de la Première Guerre mondiale, d'autres aimeraient le réviser. C'est notamment le cas de l'Allemagne, dont les dettes de guerre sont immenses, et de l'Italie, qui faisait partie des vainqueurs, mais qui n'a pas pu agrandir son territoire à la différence d'autres puissances européennes ;
- la crise économique. Depuis 1929, le chômage explose dans de nombreux pays, qui finissent par se replier sur eux-mêmes. Les populations, ruinées, sont prêtes à tout changement : c'est un terreau fertile pour la montée des extrémismes ;
- l'expansionnisme allemand. Dans son livre Mein Kampf (1923-1924), Adolf Hitler explique sa volonté d'agrandir l'Allemagne, désir qu'il justifie par l'accroissement démographique que connaît son pays et par son devoir d'offrir au peuple un territoire suffisamment grand pour sa survie ;

- l'expansionnisme italien. Benito Mussolini (homme d'État italien, 1883-1945) désire lui aussi agrandir son pays. Il conquiert donc l'Éthiopie en 1936 et l'Albanie en 1939. La même année, il signe une alliance militaire germano-italienne appelée le pacte d'Acier ;
- la course aux armements. Depuis 1933, Adolf Hitler décuple la force militaire de l'Allemagne, malgré l'interdiction stipulée dans le traité de Versailles ;
- la guerre civile espagnole (1936-1939). Le général Francisco Franco (1892-1975) tente de renverser le gouvernement démocratique en place et est soutenu dans son entreprise par Adolf Hitler et par Benito Mussolini.

BON À SAVOIR

Le nazisme est une idéologie indissociable de son fondateur, Adolf Hitler. Après un coup d'État manqué en 1923 (le putsch de Munich), celui-ci est incarcéré. Pendant sa détention, il écrit un livre intitulé Mein Kampf, où il développe cette idéologie basée entre autres sur ces deux principes :

- les Aryens sont l'élite des peuples et ont donc tous les droits, dont celui de conquérir un espace vital. Selon lui, les Allemands sont les meilleurs représentants de la race aryenne ;
- un État totalitaire, mené par un chef tout-puissant, est indispensable pour l'épanouissement de la race allemande face aux peuples qu'il juge inférieurs.

Adolf Hitler profite du contexte économique et social difficile pour imposer ses idées à la population. Après sa prise de pouvoir en 1933, il impose progressivement l'idéologie nazie à l'Allemagne et établit les bases du IIIe Reich. Ce dernier s'éteindra en même temps que le Führer, en mai 1945.

L'Europe paraît donc s'embraser, mais, face à tous ces signes avant-coureurs, la France et l'Angleterre restent assez passives, permettant à Adolf Hitler de mettre en place son plan de conquête. Ainsi, il annexe d'abord l'Autriche en 1938 (l'*Anschluss*) et reçoit la même année un avertissement des Alliés durant la conférence de Munich quand il s'attaque à la Tchécoslovaquie.

Mais il faut attendre le mois de septembre 1939 et le début de l'invasion de la Pologne pour que la France et l'Angleterre réagissent en déclarant la guerre à l'Allemagne.

LE PACTE GERMANO-SOVIÉTIQUE

Si Adolf Hitler parvient à envahir la Pologne en 1939, c'est parce qu'il a conclu un accord avec le géant russe. Le traité de non-agression entre l'Allemagne et l'Union soviétique assure en effet la neutralité de l'un des deux pays si l'autre venait à entrer en guerre. Mais cet accord contient également une clause secrète : la répartition des pays d'Europe de l'Est entre le Führer et Joseph Staline (homme d'État soviétique, 1878-1953). Ainsi, selon les termes du pacte, la Pologne doit être partagée entre l'Allemagne et l'Union soviétique.

Un tel traité surprend toute l'Europe en raison des différences qui existent entre les deux systèmes politiques et le peu d'intérêts communs. Mais en réalité Joseph Staline redoute la puissance germanique et ne fait pas confiance aux démocraties européennes pour l'aider. Il soupçonne même la France et l'Angleterre d'encourager l'Allemagne à attaquer la Russie afin d'éliminer la menace du communisme.

Le communiste prône, au départ, une société sans classes sociales et sans État. Cette idéologie est notamment basée sur les thèses de Karl Marx (théoricien du socialisme et révolutionnaire allemand, 1818-1883). Le mouvement est initié en Russie par Lénine (révolutionnaire et homme d'État russe, 1870-1924), après la révolution d'Octobre (1917) qui renverse le régime des tsars. Jusqu'en 1921, le régime est appelé « communisme de guerre » : pour imposer cette idéologie, il faut avant tout prendre les armes. Après 1921, Lénine propose une Nouvelle Politique Économique (NEP), qui consiste en un retour provisoire et partiel au capitalisme afin de redresser l'économie du pays. Comme ce système fait réapparaître des inégalités sociales, Staline y met fin en 1928 et développe l'économie par la collectivisation et la planification, qui s'apparente plus à une oligarchie, voire à une dictature. Peu à peu, l'URSS tente de convertir les pays du monde entier à son idéologie – par le biais des Internationales –, ce qui inquiète particulièrement les démocraties euro-péennes.

La *Wehrmacht* traverse la frontière polonaise le 1er septembre 1939. La France et l'Angleterre déclarent aussitôt la guerre à Adolf Hitler, mais n'interviennent pas militairement. Le 17 septembre, les Russes entrent à leur tour en Pologne et finalisent le partage du pays avec l'Allemagne le 28 septembre.

Dès lors, en Europe de l'Ouest, toutes les armées vont camper sur leurs positions jusqu'au printemps, donnant lieu à ce qui sera appelé la « drôle de guerre ». Durant cette période, les Allemands et les Français se font face le long de la frontière, mais ne tentent rien. Les tensions se font donc de plus en plus sentir, mais grâce au traité de non-agression, Adolf Hitler sait que son dangereux adversaire de l'Est n'interviendra pas. Le Führer a donc les mains libres pour concentrer toutes ses forces armées en Europe occidentale.

Au printemps 1940, les Allemands ouvrent cinq fronts successifs et utilisent la technique du *Blitzkrieg* (guerre éclair), qui consiste à associer les forces terrestres, aériennes et mécanisées sur un secteur bien défini en vue de détruire les défenses ennemies en un temps record. La *Wehrmacht* enchaîne victoire après victoire :

- le Danemark est envahi le 9 avril et capitule le jour même ;
- la Norvège est envahie le 9 avril et capitule le 10 juin ;
- la Belgique est envahie le 10 mai et capitule le 28 mai ;
- les Pays-Bas sont envahis le 10 mai et capitulent le 15 mai ;
- la France est envahie le 10 mai et capitule le 25 juin.

L'OPÉRATION « BARBAROSSA »

Mais Adolf Hitler ne se contente pas de sa domination en Europe de l'Ouest, où seule l'Angleterre lui résiste encore. Le Führer souhaite également agrandir son espace vital vers l'est en s'attaquant aux Slaves et ainsi mettre la main sur les ressources pétrolières du Caucase. Le

22 juin 1941, il lance l'opération « Barbarossa »
qui vise à envahir l'URSS, marquant ainsi la fin du
pacte germano-soviétique.

L'objectif de l'état-major allemand est d'atteindre
le Kremlin au plus vite pour faire tomber cette
forteresse abritant le siège du pouvoir sovié-

tique. Adolf Hitler souhaite cependant prendre Leningrad (aujourd'hui Saint-Pétersbourg) et Kronstadt (port russe) avant Moscou. Finalement, l'attaque se répartit sur un front de plusieurs milliers de kilomètres, selon trois axes :

- au nord, une armée se dirige vers Leningrad à travers les pays Baltes ;
- au centre, la plus importante force de frappe se dirige vers Moscou, tout en envoyant au besoin des renforts vers les autres armées ;
- au sud, la *Wehrmacht* a pour objectif la ville de Kiev, le port d'Odessa, puis Stalingrad, point stratégique pour le contrôle de la Volga (fleuve qui arrose plus d'un tiers de la Russie).

Du côté russe, les généraux prennent rapidement conscience qu'une guerre avec le IIIe Reich est inévitable. Mais en 1941, Joseph Staline pense que les concentrations de troupes allemandes sur la frontière russe sont une manœuvre de provocation. L'opération « Barbarossa » profite donc d'un certain effet de surprise, qui empêche une contre-attaque soviétique efficace. Moins bien équipée et organisée, l'Armée rouge recule sur tous les fronts, jusqu'à la bataille de Moscou (début 1942).

STALINGRAD, SYMBOLE DE LA « GRANDE GUERRE PATRIOTIQUE »

L'Union soviétique rentre en guerre totale pour repousser l'envahisseur. Toute la population participe à l'effort de guerre et la production industrielle soviétique explose. La violence extrême des troupes allemandes rallie la population autour de Joseph Staline qui déclare la « grande guerre patriotique » dès le 10 octobre 1941.

Cependant, en 1942, la situation militaire est dans une impasse sur le front de l'Est. La *Wehrmacht* est bloquée devant Leningrad où elle s'installe pour un siège de deux ans et demi. Au sud, la bataille de Stalingrad s'enlise dans des combats de rue. Il faut attendre le mois de février 1943 pour observer un tournant dans le conflit. Après cinq mois de lutte acharnée, les Soviétiques parviennent à repousser la *Wehrmacht* hors de la ville. Après leur capitulation, plus de 94 000 soldats allemands sont faits prisonniers. L'Union soviétique, encouragée par cette victoire, commence la lente reconquête de son territoire. Mais il lui reste une épreuve de taille à affronter : la bataille de Koursk.

ACTEURS PRINCIPAUX

ERICH VON MANSTEIN, GÉNÉRAL ALLEMAND

Né en 1887, Erich von Manstein, dont la famille compte plusieurs généraux, est prédestiné à rejoindre l'armée allemande. Il entre à l'Académie militaire en 1913, mais sa formation est interrompue par le déclenchement de la Première Guerre mondiale au cours de laquelle il se bat en Belgique, en Pologne et en France. Il participe notamment aux batailles de Verdun (février-décembre 1916) et de la Somme (juillet-novembre 1916), et reçoit plusieurs décorations.

Durant l'entre-deux-guerres, il devient un anti-communiste convaincu et se réjouit donc de l'arrivée au pouvoir d'Adolf Hitler. Quand le Führer décide de réarmer l'Allemagne, allant ainsi à l'encontre du traité de Versailles, Erich von Manstein participe activement au projet. Il devient rapidement le numéro deux de l'état-major de la *Wehrmacht* et perfectionne les techniques du *Blitzkrieg*. Après son intervention dans l'annexion de l'Autriche, Erich von Manstein participe à la campagne de Pologne. Il élabore ensuite un plan d'invasion de la France, qui est suivi dans les grandes lignes par le chancelier allemand.

En 1941, il participe à l'opération « Barbarossa », au cours de laquelle il remporte de nombreuses victoires. Il est néanmoins arrêté devant Leningrad et manque ses tentatives de sauvetage durant la bataille de Stalingrad. Le général allemand remporte ensuite une bataille à Kharkov, avant de se préparer pour l'opération « Citadelle ».

Commandant des forces armées qui doivent attaquer Koursk par le sud, Erich von Manstein a pour mission de prendre les Russes en tenailles avec les généraux Walter Model et Hans Günther von Kluge (1882-1944). L'offensive commence le 5 juillet 1943. Pensant que les Soviétiques mèneront tôt ou tard une contre-attaque, Erich von Manstein garde de nombreuses troupes en réserve, mais il sous-estime l'ampleur des forces ennemies et le nombre de leurs renforts. Après une semaine, l'opération « Citadelle » s'enlise, avant de voir les Allemands obligés de battre en retraite. Pour le général allemand, la défaite s'explique par les nombreux reports de l'opération qui ont permis aux Soviétiques de préparer leur défense.

En 1944, Erich von Manstein doit être opéré pour un problème oculaire et prend ensuite sa retraite. Mais, jusqu'à la fin, il reste convaincu que l'Allemagne nazie peut remporter la victoire face aux Alliés.

En 1949, il est condamné à 18 ans de réclusion pour crimes de guerre, mais est libéré quatre ans plus tard pour raisons de santé. Il écrit alors ses mémoires, où il impute toute la responsabilité de cette guerre au Führer. Il meurt en 1973.

WALTER MODEL, GÉNÉRAL ALLEMAND

Fils d'un professeur de musique, Walter Model entre à l'école des cadets en 1908. Durant sa carrière militaire, le général allemand se fait très peu d'amis, son ambition et son caractère le rendant peu sociable. Durant la Première Guerre mondiale, il se distingue par ses actions, et, malgré son caractère difficile, il monte en grade. Sa nomination à l'état-major lui permet d'échapper à la bataille de la Somme. Au terme de la guerre, il obtient le grade de capitaine.

L'entre-deux-guerres lui permet de consolider sa réputation. Pendant cette période, il donne des cours de stratégie aux jeunes officiers et soutient la modernisation de l'armée allemande. Quand le nazisme s'implante dans le pays, il en devient un fervent admirateur.

Au début de la Seconde Guerre mondiale, Walter Model enchaîne les victoires, d'abord en Pologne, puis en France. Lorsque l'opération « Barbarossa » est lancée, il mène la IIIe division de blindés à un rythme effréné au cœur du territoire soviétique.

En 1943, il est chargé de mener l'opération « Citadelle » avec Erich von Manstein et Günther von Kluge, afin de se venger de la cuisante défaite de Stalingrad. Walter Model prend en charge les armées attaquant le flanc nord du saillant de Koursk. Il émet cependant des réserves sur le succès de l'opération, au vu de l'ampleur des défenses russes. Par conséquent, le général demande un report de l'attaque afin de consolider ses troupes avec de nouveaux modèles de tanks, notamment les *Jagdpanzer Elefant*, redoutables chasseurs de tanks. Mais, malgré la supériorité technologique, le général allemand, bloqué dès le début de l'offensive, ne parviendra jamais à prendre l'avantage.

Après la défaite de Koursk, Walter Model inflige de lourdes pertes aux Soviétiques durant leur reconquête, ce qui lui vaut d'être promu maréchal. En 1944, il est envoyé en Normandie, où il est contraint de se replier progressivement sur l'Allemagne. Quand la situation devient désespérée, à la fin de la guerre, il préfère dissoudre son armée plutôt que se rendre. Il finit par se suicider en avril 1945 pour éviter d'être jugé par les Soviétiques.

NIKOLAÏ FEDOROVITCH VATOUTINE, GÉNÉRAL RUSSE

Né en 1901, Nikolaï Fedorovitch Vatoutine rejoint l'Armée rouge en 1920. Il devient rapidement membre du Parti communiste dans lequel il s'investit avec passion. En 1940, Joseph Staline le nomme général d'armée, mais Nikolaï Fedorovitch Vatoutine manque d'expérience. Il ne parvient pas à arrêter l'opération « Barbarossa » de 1941.

Il apprend toutefois de ses erreurs et organise plusieurs manœuvres audacieuses qui lui permettent de retourner le cours de la guerre. Il retarde le général allemand Erich von Manstein sur le front Nord, ce qui lui permet de sauver Leningrad. Au sud, il dirige la contre-offensive soviétique de 1942 sur Stalingrad et parvient à encercler la VIe armée allemande. Il écrase ensuite la VIIIe armée italienne venue en renfort.

Après Stalingrad, il affronte une nouvelle fois Erich von Manstein à Kharkov, mais, pris par surprise, il perd la ville. L'officier russe est cependant récompensé par Joseph Staline pour son audace. Promu général d'armée, il organise la défense de Koursk où il est appuyé par d'autres héros de guerre soviétiques, comme Gueorgui Konstantinovitch Joukov ou Konstantine Konstantinovitch Rokossovski (1896-1968). Nikolaï Fedorovitch Vatoutine fait preuve d'une grande créativité tactique, qui lui permet de repousser Erich von Manstein et ses alliés, malgré la supériorité technologique des Allemands. Il poursuit son avantage en passant directement à l'offensive, ce que les généraux de la *Wehrmacht* n'avaient pas prévu. Il entreprend ensuite la lente reconquête de l'URSS, repousse les Allemands en Ukraine et en libère la capitale, Kiev. Mais des insurgés ukrainiens lui tendent une embuscade en février 1944, loin des lignes de front, et Nikolaï Fedorovitch Vatoutine décède à la suite de ses blessures.

GUEORGUI KONSTANTINOVITCH JOUKOV, GÉNÉRAL RUSSE

Fils de fermier, la jeunesse de Gueorgui Konst antinovitch Joukov est rythmée par les travaux dans les champs. Sa scolarité n'est toutefois pas laissée de côté et il se révèle même assez doué pour les études. Il devient maître fourreur, métier qui lui permet de survivre plus facilement dans la Russie du début du XXe siècle ravagée par la misère.

Mobilisé durant la Première Guerre mondiale, il se distingue par son intelligence et devient sous-officier. Mais les horreurs de la guerre et la haine qu'il éprouve pour certains de ses supérieurs le poussent à rechercher la paix. Il se montre dès lors favorable à la révolution bolchevique en 1917 et remporte de nombreuses victoires durant la guerre civile qui s'ensuit.

Durant l'entre-deux-guerres, il gravit les échelons de la hiérarchie militaire et rejoint dans un premier temps le corps de la cavalerie. Par la suite, Gueorgui Konstantinovitch Joukov s'intéresse particulièrement aux divisions de blindés, qu'il considère comme primordiales dans les guerres modernes.

Quand l'opération « Barbarossa » prend l'URSS par surprise, il est chargé de défendre l'Ukraine contre l'avancée allemande. Son plus grand succès reste cependant la défense de la ville de Moscou en 1941. En effet, après le statu quo entre le Japon et l'URSS, il rapatrie des troupes d'élite provenant de l'Est du pays et parvient à sauver Moscou d'une bataille qui semblait pourtant perdue d'avance.

En 1943, le général Gueorgui Konstantinovitch Joukov est le premier à comprendre que les Allemands frapperont à Koursk, avant même que le Führer n'approuve l'opération. Pour cette bataille, il privilégie la défense à l'attaque et propose de fortifier au maximum le saillant. Il dissuade d'ailleurs Nikolaï Fedorovitch Vatoutine de lancer des frappes préventives sur les Allemands, afin de ménager les forces russes. Il laisse cependant le commandement de l'opération à ce dernier.

À la fin de la guerre, il est rétrogradé par Joseph Staline, qui craint sa popularité. Jusqu'à sa mort, en 1974, il sera le plus souvent mis à l'écart du pouvoir politique, même s'il est reconnu comme héros de guerre.

ANALYSE DE LA BATAILLE

LES PRÉPARATIFS

Après la défaite de février 1943, Adolf Hitler a besoin d'une victoire aussi spectaculaire que l'a été Stalingrad pour les Soviétiques pour rassurer le peuple allemand. La *Wehrmacht*, qui semblait jusque-là invincible, essuie ses premières défaites majeures. En Afrique, les divisions du général Erwin Rommel (1891-1944) battent en retraite face aux forces combinées des Américains et des Britanniques. Dans le Sud de l'Europe, un débarquement des Alliés en Italie peut survenir à tout instant. Quant au front de l'Est, il devient totalement instable pour l'armée allemande. Même si le général Erich von Manstein reprend Kharkov (une des plus grandes villes d'URSS) en mars 1943, l'Armée rouge garde l'avantage. D'ailleurs, la plupart des généraux allemands, et peut-être même Adolf Hitler lui-même, considèrent que l'Allemagne a désormais perdu toute chance de vaincre définitivement l'URSS.

En attendant, le Führer a besoin d'une revanche sur l'URSS pour rétablir son prestige. Pour y parvenir, son choix se porte sur Koursk. La ville, aux mains des Allemands depuis 1941, a été reprise deux ans plus tard par les Soviétiques, qui y concentrent depuis une immense armée. Koursk a en effet été transformée en base avancée russe pour permettre la reconquête de la région Orel-Briansk, au nord-ouest, et de l'Ukraine, au sud-ouest. Si la *Wehrmacht* parvenait à détruire cette position, le chancelier allemand portera un rude coup à l'URSS et ouvrira peut-être la voie à une nouvelle offensive sur Moscou.

Pour atteindre cet objectif, le Führer approuve et lance le plan « Citadelle » mis au point par Erich von Manstein qui consiste à prendre les forces russes en tenailles par une action simultanée au nord et au sud. Les Allemands espèrent ainsi détruire les réserves opérationnelles de l'ennemi, tout en réduisant nettement la taille du front. Adolf Hitler est persuadé que l'opération sera un succès, à condition qu'elle soit lancée suffisamment tôt.

La force de frappe allemande chargée de prendre Koursk compte :

- plus de 900 000 soldats ;
- environ 2 500 tanks – 3 000, selon les dires des Soviétiques ;
- environ 10 000 pièces d'artillerie ;
- au moins 2 000 avions.

Même si ces chiffres semblent impressionnants, la capacité offensive de l'Allemagne a nettement diminué en quatre ans. Les Allemands et leurs alliés ont déjà perdu 500 000 hommes depuis le début du conflit, peut-être même 700 000. La mobilisation totale décrétée par Adolf Hitler plus tôt n'a remplacé que la moitié des pertes enregistrées. Pourtant, il n'a aucun doute sur l'issue de la bataille, au vu de la quantité de troupes et de matériel engagés : c'est près de la moitié de ses forces blindées qui sont ainsi envoyées au front.

L'offensive qui se prépare n'est pas une surprise pour les Russes qui ont découvert les plans allemands grâce au réseau d'espionnage *Lucy*. L'Armée rouge s'est donc aussitôt préparée à l'attaque et, depuis le mois de mars, les Russes fortifient la position de Koursk ; ils creusent des milliers de kilomètres de tranchées, installent des centaines de milliers de mines et aménagent des milliers d'emplacements pour l'artillerie. Par endroits, les défenses russes s'étalent sur une profondeur de plus de 150 kilomètres. Mais l'état-major soviétique reste inquiet : par le passé, les divisions blindées allemandes ont déjà percé des positions similaires très facilement. Certains généraux se demandent même si l'Armée rouge n'aurait pas intérêt à frapper la première.

Ici aussi, les moyens engagés sont colossaux et à ceux-ci s'ajoutent de nombreuses troupes de réserve, ce qui porte le total des effectifs russes à :

- près de deux millions de soldats ;
- environ 5 000 tanks ;
- environ 20 000 pièces d'artillerie ;
- environ 2 700 avions.

Même si les troupes soviétiques sont plus nom-breuses, les forces en présence ne sont pas for-cément déséquilibrées. La *Wehrmacht* affiche en effet une supériorité technologique et tactique face aux Russes.

Tous les généraux allemands ne sont cependant pas aussi confiants que leur Führer. Les photographies aériennes montrent en effet l'ampleur des défenses soviétiques, laissant présager que les Russes sont préparés à un assaut sur Koursk. Malgré cela, le commandant allemand Walter Model demande au Führer de repousser l'attaque afin d'attendre les nouveaux modèles de tanks *Tiger*, *Panther* et les *Jagdpanzer Elefant*. Il s'appuie également sur le fait qu'avec la saison des pluies, les routes sont impraticables pour les blindés. De son côté, Erich von Manstein préfère quant à lui attaquer le plus tôt possible, avant que Koursk ne devienne une position imprenable. Finalement, ce sont les partisans de Walter Model qui l'emportent. L'attaque est donc reportée de mai à juin, puis finalement au mois de juillet, laissant plus de temps encore aux Russes pour se préparer.

LE CHOC DES BLINDÉS

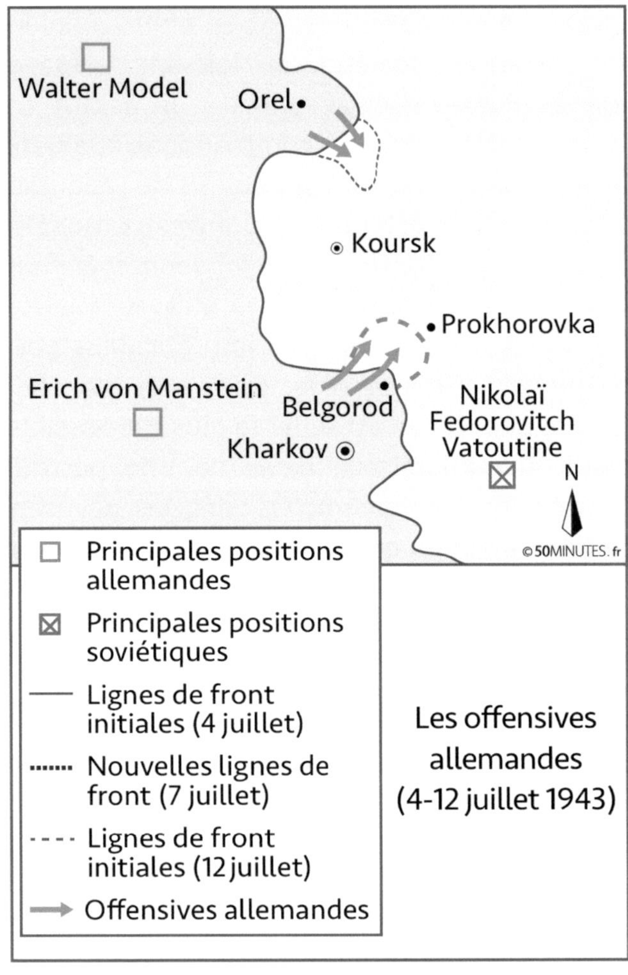

Le 4 juillet 1943, l'armée allemande prend d'assaut les avant-postes au sud de Koursk. Chaque manœuvre de tanks est précédée d'un barrage d'artillerie et d'un bombardement aérien. Mais comme la *Wehrmacht* ne peut s'appuyer sur l'effet de surprise, elle progresse très difficilement.

Le lendemain, le champ de bataille se déporte vers le ciel. Pour éviter d'être débordée par la *Luftwaffe* (l'aviation allemande), l'armée de l'air russe engage le combat et attaque les bases aériennes ennemies. Mais l'espace aérien se révèle plus favorable aux Allemands que les combats terrestres et la *Luftwaffe* prend rapidement l'avantage sur les Russes. Toutefois, par manque d'essence, la plupart de ses appareils sont rapidement cloués au sol.

Au nord du saillant, les troupes du général Walter Model s'enlisent très rapidement. Dès le premier jour, ses divisions se trouvent immobilisées par les mines et les tirs d'artillerie russes et, après une semaine, le général allemand n'a pu progresser que de dix kilomètres. Les pertes sont moins importantes du côté allemand, mais la *Wehrmacht* possède également moins de troupes en réserve.

Au sud, les défenses soviétiques étant moins importantes, les divisions du général Erich von Manstein percent plus facilement les lignes ennemies. Pour contrer cette progression, le général russe Nikolaï Fedorovitch Vatoutine déploie ses troupes de manière imprévisible, ce qui surprend les forces du IIIe Reich. Par ailleurs, le général russe alterne les tactiques de défense et d'attaque pour ne laisser aucun répit aux Allemands. Il fait également appel à de nombreuses divisions en renfort et peut s'appuyer sur les sapeurs soviétiques qui, chaque nuit, placent des mines sur le parcours des tanks allemands. La tactique porte ses fruits au vu de l'importance des pertes encourues par la *Wehrmacht* : après une semaine de combats, certaines divisions sont presque anéanties. Mais les forces russes ne s'en sortent guère mieux.

Le point culminant de l'affrontement se déroule les 12 et 13 juillet avec la bataille de Prokhorovka (à l'est du saillant de Koursk) qui est considérée comme la plus grande bataille de blindés de l'histoire. Les tanks y sont tellement nombreux que l'aviation est incapable de distinguer les forces alliées des ennemis. Pourtant, le combat aérien reste primordial afin de couvrir l'avancée des blindés ; les deux camps luttent donc âprement dans les airs.

Cette percée des Allemands oblige les Soviétiques à avancer leurs troupes de réserve plus tôt que prévu. Malgré de très nombreuses pertes, les divisions de la *Wehrmacht* alignent encore 400 véhicules blindés. Les sources soviétiques font même état de 500 à 700 tanks ennemis. Il s'agit principalement de trois divisions de la *Waffen-SS*, la branche militaire des troupes d'élite hitlériennes : la IIIe division SS « Totenkopf », la IIe division « Das Reich » et la Ire *Panzekorps SS* « Leibstandarte ». L'Armée rouge leur oppose plus de 800 tanks, mais leurs véhicules disposent d'un blindage nettement plus léger.

Le 12 juillet, très tôt le matin, les Allemands déclenchent les hostilités à Prokhoroka, mais l'aviation soviétique les oblige rapidement à adopter une position défensive. La première contre-offensive russe est un désastre, notamment à cause d'une mauvaise communication entre les tanks et les avions. Décimés par l'artillerie, les carcasses des blindés soviétiques sont en feu, réduisant la visibilité des deux camps. Par conséquent, les offensives successives des Allemands et des Russes échouent les unes après les autres et l'avancée des tanks est souvent bloquée par des frappes aériennes des deux côtés. Par ailleurs, les divisions mécanisées allemandes se heurtent à une infanterie soviétique bien retranchée derrière ses défenses. Les pertes, bien qu'imprécises, sont importantes dans les deux camps. Encore une fois, la supériorité numérique des Russes finit par faire la différence.

LA CONTRE-ATTAQUE SOVIÉTIQUE

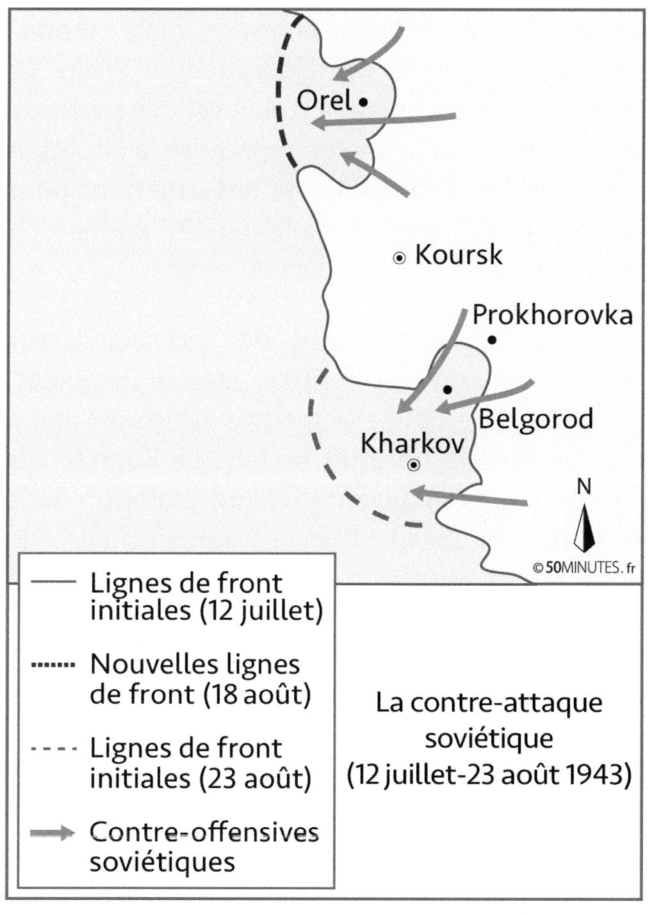

Le 13 juillet, Adolf Hitler décide d'abandonner l'opération « Citadelle ». Non seulement les pertes allemandes sont énormes, mais en plus, les Alliés viennent de débarquer en Sicile. Le Führer est donc contraint d'envoyer une partie de ses forces en Italie afin de reprendre la situation en mains. Le front de l'Est se dégarnit donc pour renforcer les positions allemandes en Europe occidentale.

Les Soviétiques profitent de l'occasion pour lancer une contre-offensive. Dès le 12 juillet, l'Armée rouge oblige le général Walter Model à reculer dans le nord du saillant de Koursk. Les combats se poursuivent pendant plus d'un mois et, le 18 août, la ville d'Orel est reprise au prix de nombreuses pertes.

Au sud, les Russes mettent plus de temps à se réorganiser : l'Armée rouge y a en effet essuyé de plus lourdes pertes. Néanmoins, là aussi les Allemands sont repoussés. Si au début du mois d'août, les forces soviétiques avancent vers Belgorod, qui tombe rapidement, la reprise de Kharkov s'avère beaucoup plus coûteuse en vies. Du 11 au 23 août, les troupes allemandes résistent farouchement sur le front, mais la *Wehrmacht* finit par se replier derrière le Dniepr (fleuve d'Europe de l'Est qui se jette dans la mer Noire). Avec la victoire de Kharkov, l'Union soviétique balaye les derniers espoirs d'Adolf Hitler : l'Allemagne nazie ne vaincra jamais l'URSS. Position industrielle et stratégique de première importance, la ville de Kharkov permet aux Russes de continuer l'offensive vers le Dniepr, puis l'Ukraine.

L'ISSUE DE LA BATAILLE : UN CHARNIER DE SANG ET DE MÉTAL

« Le 9 juillet, après quatre jours de bataille, l'anxiété s'apaisait ; elle avait d'ailleurs diminué d'intensité quand on avait appris la destruction de 586 tanks allemands. [...] La presse publiait aussi des déclarations de prisonniers allemands saisis de stupeur : "On n'a jamais vu un tel carnage dans les troupes allemandes." » (WERTH (Alexandre), *La Russie en guerre*, t. II, Londres, Barrie and Rockliff, 1964, p. 74)

À l'issue de la bataille de Koursk, les pertes allemandes ont effectivement de quoi entamer le moral des troupes. En un mois et demi, plus d'un demi-million de soldats de la *Wehrmacht* manquent à l'appel, qu'ils soient morts, blessés ou portés disparus. Si la *Luftwaffe* ne subit pas de pertes trop considérables, il n'en va pas de même pour les tanks allemands : plus de 1 200 carcasses de blindés restent sur le saillant de Koursk. C'est plus qu'ils ne peuvent en produire.

Pour les Soviétiques, la bataille est encore plus meurtrière. L'Armée rouge compte plus de 860 000 tués, blessés ou disparus. Plus d'un millier de tanks et autant d'avions ont été détruits. Pour l'emporter, l'Union soviétique a donc sacrifié près de la moitié des troupes présentes à Koursk.

RÉPERCUSSIONS DE LA BATAILLE

UNE BATAILLE, DEUX PROPAGANDES

Comme Adolf Hitler comptait sur la victoire de Koursk pour redresser le moral de la population allemande, le Führer préfère passer l'ampleur de cette défaite sous silence. À Berlin, l'opération « Citadelle » est pratiquement oubliée des déclarations officielles, et si les outils de propagande viennent à en parler, c'est pour en minimiser l'importance.

Du côté russe, par contre, la victoire de Koursk est portée aux nues. Les survivants de la bataille sont considérés comme des héros par tout le pays et donnent naissance à de nombreuses légendes. Ainsi, le 5 août 1943, à la libération d'Orel et de Belgorod, Joseph Staline félicite ses généraux par l'intermédiaire de Youri Levitan (1914-1983), le speaker vedette de Radio-Moscou. L'annonce est diffusée plus de 300 fois sur les ondes, jusqu'à la victoire finale sur l'Allemagne et le Japon. Le soir même, la capitale russe résonne de 12 salves d'artillerie tirées par 120 canons qui saluent le courage des troupes soviétiques. Le ciel est également illuminé par de nombreux feux d'artifice qui rappellent à la population que la fin de la guerre est désormais en vue.

LE ROULEAU COMPRESSEUR SOVIÉTIQUE

Pour l'historien allemand Walter Goerlitz, « [si] Stalingrad [était] le tournant politico-psychologique de toute la guerre à l'Est, [...] la défaite allemande à Koursk et à Belgorod en [serait] le tournant militaire » (cité par Werth (Alexandre), *La Russie en guerre*, t. II, Londres, Barrie and Rockliff, 1964, p. 76).

En effet, après la bataille de Koursk, la *Wehrmacht* ne prendra plus jamais l'avantage sur l'Armée rouge. Désormais, les Allemands se cantonnent à des opérations défensives, tentant de retarder l'inévitable. Toutefois, malgré l'échec de l'opération « Citadelle », la *Wehrmacht* espère avoir suffisamment affaibli les forces russes pour avoir le temps de se réorganiser. Peine perdue :

les Soviétiques renouvellent leurs forces à une cadence incroyable. Des renforts en hommes et en matériel affluent continuellement vers le front. D'où l'expression du « rouleau compresseur soviétique » : l'immensité de l'Armée rouge écrase tout sur son passage.

En fin d'année 1943, les Russes libèrent progressivement l'Ukraine, malgré de brillantes opérations tactiques menées par le général Erich von Manstein. L'année suivante, l'Armée rouge brise le siège de Stalingrad et poursuit sa progression en Europe de l'Est : en Crimée, en Biélorussie, en Pologne et dans les Balkans. Après la prise de l'Autriche, la progression de l'Armée rouge est un peu ralentie : la connaissance du terrain joue en faveur des Allemands. Mais les Soviétiques finissent par atteindre Berlin qui tombe en avril 1945 sous l'assaut de 2,5 millions de soldats. De la bataille de Koursk à la capitulation du 7 mai 1945, l'étau russe ne s'est jamais desserré sur le front de l'Est.

LE SACRIFICE DE L'URSS

Mais la victoire de l'URSS a un prix. Le front de l'Est, le plus grand théâtre d'opérations de la

Seconde Guerre mondiale, est aussi celui qui compte le plus de victimes. Avec 27 millions de morts dans ses rangs, l'Union soviétique enregistre à elle seule la majorité des pertes dans le camp des Alliés, auxquelles s'ajoutent les destructions matérielles qui sont inimaginables : des dizaines de milliers de villes et de villages sont détruits.

Cependant, en tenant bon sur le front de l'Est, l'URSS permet aux Alliés de s'organiser et d'attaquer sur plusieurs fronts. La bataille de Koursk facilite ainsi grandement le débarquement des Américains et des Britanniques en Sicile (10 juillet 1943) et contraint l'Allemagne à se disperser sur plusieurs fronts pour résister aux attaques conjointes des Alliés.

À long terme, le « sacrifice » de l'URSS n'est donc pas vain. La position du pays sur la scène internationale est renforcée au sortir de la Seconde Guerre mondiale et, peu à peu, les pays d'Europe de l'Est tombent dans la sphère d'influence de Joseph Staline. Grâce à sa force militaire et industrielle, l'URSS s'impose comme superpuissance mondiale qui fera trembler le monde entier durant toute la guerre froide (1945-1990).

EN RÉSUMÉ

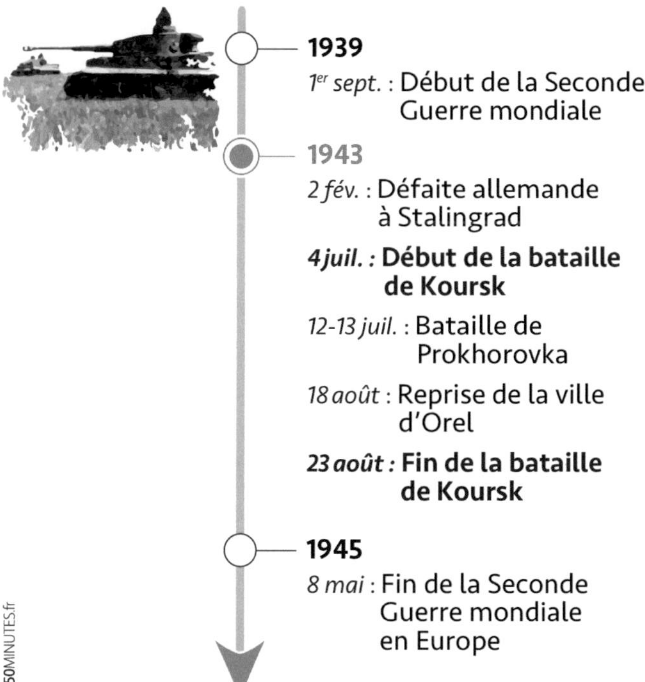

- En 1939, à la veille de la Seconde Guerre mondiale, Adolf Hitler et Joseph Staline signent un pacte de non-agression. Il s'agit pour l'Allemagne et l'URSS d'observer une stricte neutralité en cas d'entrée en guerre de l'un des deux pays. L'accord contient également une clause secrète qui vise à partager les pays d'Europe de l'Est entre les deux puissances.

- Malgré le pacte de non-agression, il a toujours été dans les intentions du Führer d'envahir l'URSS. En effet, selon la doctrine nazie, les Slaves sont un peuple à éliminer. C'est pourquoi les Allemands lancent l'opération « Barbarossa » en 1941, qui vise à renverser le régime communiste. Après une série de victoires éclatantes, les forces hitlériennes sont arrêtées à Moscou, puis à Stalingrad.

- Après la défaite de Stalingrad début 1943, le chancelier allemand veut frapper un grand coup pour marquer l'imaginaire collectif. Il décide de prendre d'assaut le saillant de Koursk, grâce à l'opération « Citadelle ». Il s'agit de prendre l'ennemi en étau, en attaquant simultanément par le nord et le sud. L'objectif est de détruire la forte concentration de forces russes qui s'y trouve et d'ouvrir la voie à une nouvelle offensive sur Moscou.

- Pressentant l'attaque, les Soviétiques fortifient le saillant de Koursk pendant des mois. Des mines sont placées, des milliers de kilomètres de tranchées sont creusées et des centaines d'emplacements d'artillerie tapissent désormais le lieu. Les Russes prévoient également de nombreuses forces en réserve.

- Le 4 juillet 1943, les Allemands lancent l'offensive. L'affrontement oppose des millions de soldats, des milliers de tanks et d'avions, ainsi que des dizaines de milliers de pièces d'artillerie. Les forces semblent au départ équilibrées : alors que les Soviétiques ont l'avantage du nombre et du terrain, les Allemands ont la supériorité technologique et tactique.
- Toutefois, les tanks allemands s'enlisent rapidement au nord. Au sud, les troupes du général Erich von Manstein percent plus facilement les lignes adverses, mais subissent de lourdes pertes suite aux tactiques imprévisibles du général russe Nikolaï Fedorovitch Vatoutine.
- L'apogée de l'affrontement a lieu le 12 juillet 1943, durant la bataille de Prokhorovka. Il s'agit du plus grand combat de tanks de l'histoire. Les blindés sont tellement nombreux que l'aviation ne parvient pas à distinguer les alliés des ennemis. Malgré les

nombreuses pertes subies des deux côtés, les défenses soviétiques tiennent bon.

- Le lendemain de la bataille, Adolf Hitler abandonne l'opération « Citadelle ». Les pertes sont trop lourdes, et les Alliés viennent de débarquer en Sicile. C'est un tournant militaire : l'Allemagne hitlérienne ne prendra plus l'ascendant sur les forces russes jusqu'à la fin de la guerre. Rien ne pourra plus arrêter le « rouleau compresseur soviétique » jusqu'à Berlin.

Votre avis nous intéresse !
Laissez un commentaire sur le site de votre
librairie en ligne et partagez vos coups de cœur sur
les réseaux sociaux !

POUR ALLER PLUS LOIN

SOURCES BIBLIOGRAPHIQUES

- BAECHLER (Christian), *Guerre et exterminations à l'Est. Hitler et la conquête de l'espace vital. 1933-1945*, Paris, Tallandier, 2012.

- CORFILL (Barnett), *Hitler's Generals*, New York, Grove Weidenfeld, 1989.

- HUSSON (Édouard), WERTH (Nicolas) et BUFFET (Cyril), « Hitler-Staline : la guerre à mort », in *L'Histoire*, n° 252, Paris, Sofia Publications, mars 2001.

- KAGAN (Frederick W.), « The Great Patriotic War », in *The Military History of the Soviet Union*, New York, Palgrave MacMillan, 2002

- LANEYRIE-DAGEN (Nadéije), *Les grandes batailles de l'histoire*, Paris, Larousse, 2005.

- LEMAY (Benoît), *Erich von Manstein, le stratège d'Hitler*, Paris, Perrin, 2006.

- « L'Union Soviétique et le front de l'Est », in *Encyclopédie multimédia de la Shoah*, consulté le 3 mars 2014. http://www.ushmm.org/wlc/article.php?lang=fr&ModuleId=231

- MULLIGAN (Timothy P.), « Spies, Ciphers and "Zitadelle" : Intelligence and the Battle of Kursk, 1943 », in *Journal of Contemporary History*, t. 22.2, avril 1987.

- QUÉTEL (Claude), *La Seconde Guerre mondiale*, Paris, Larousse, 2007.

- SAVÈS (Joseph), « 5 juillet 1943 – La Wehrmacht meurt une deuxième fois à Koursk », in *Herodote. net*, consulté le 25 août 2013. http://www. herodote.net/5_juillet_1943-evenement-19430705. php

- SHUKMAN (Harold), *Stalin's generals*, New York, Phoenix, 1993.

- WERTH (Alexandre), *La Russie en guerre*, t. II, Londres, Barrie and Rockliff, 1964.

SOURCES COMPLÉMENTAIRES

- BARTOV (Omer), *L'armée d'Hitler. La Wehrmacht, les nazis et la guerre*, Paris, Hachette Littératures, 1999.

- BUFFETAUT (Yves), *La bataille de Koursk*, Paris, Histoire et Collection, 2000.

- CARELL (Paul), *Opération Terre brûlée*, Paris, Robert Laffont, 1968.

- JUKES (Geoffrey), *Koursk : le choc des blindés*, Paris, Marabout, 1971.

- LOPEZ (Jean), *Koursk, 5 juillet-20 août 1943, les quarante jours qui ont ruiné la Wehrmacht*, Paris, Economica, 2008.

- MASSON (Philippe), *Histoire de l'Armée allemande. 1939-1945*, Paris, Perrin, 1994.

- MERRIDALE (Catherine), *Les guerriers du froid : vie et mort des soldats de l'Armée rouge*, 1939-1945, Paris, Fayard, 2012.

- MONTAGNON (Pierre), *Dictionnaire de la Seconde Guerre mondiale*, Paris, Pygmalion, 2008.

DOCUMENTAIRES

- *Images de la Seconde Guerre mondiale : La bataille de Koursk*, documentaire produit par Getty Hulton, 2006.

- *La Bataille de Koursk. La Terrible Défaite d'Hitler*, documentaire de Garofalo et Jeremy Joseph, 2008.

- *La Bataille de Koursk. Juillet 1943*, documentaire produit par Bundesarchiv, 2012.

- Musée et bâtiments commémoratifs

- La cathédrale Pierre-et-Paul, bâtie sur le champ de bataille de Prokhorovka (Russie).

- L'obélisque de Prokhorovka (Russie).

- Le musée-diorama de la bataille de Koursk à Belgorod (Russie).

www.50minutes.fr

ISBN ebook : 978-2-8062-5406-1
ISBN papier : 978-2-8062-5587-7
Dépôt légal : D/2014/12603/30
Photo de couverture : *Two Tiger tanks of « Totenkopf »*, Bundesarchiv. Domaine public.

Conception numérique : Primento,
le partenaire numérique des éditeurs